AF405415

बूँद बूँद धारा
(काव्य संग्रह)

बूँद बूँद धारा

(काव्य संग्रह)

डॉ मधुबाला सिन्हा

Delhi-110089, India

संस्करण : 2021
ISBN : 978-93-90889-03-7

प्रखर गूँज पब्लिकेशन
एच–3/2, सेक्टर–18, रोहिणी, दिल्ली–110089
दूरभाष : 7982710571, 7838505899, 011-27851059

मूल्य : 190/-

© सम्बंधित रचनाकार के अधीन

बूँद बूँद धारा (काव्य संग्रह)
डॉ मधुबाला सिन्हा

Boond Boond Dhaara (Kavy Sangrah)
By Dr Madhubala Sinha

Published by

PRAKHAR GOONJ PUBLICATION
Delhi-110089
E.mail : prakhargoonj@gmail.com
        sinha.neelu123@gmail.com
Ph. : 011-27851059, 7982710571, 7838505899

Web : https://prakhargoonjpublicationofficialwebsite.com

इस पुस्तक के किसी भी हिस्से को प्रकाशक अथवा लेखक की पूर्व अनुमति के बिना इलेक्ट्रॉनिक अथवा किसी अन्य माध्यम द्वारा पुनः प्राप्ति समेत किसी भी रूप में प्रतिलिपिकृत, अनूदित अथवा संगृहीत नहीं किया जा सकता है और न ही किसी भी रूप में अथवा किसी भी माध्यम से इसे प्रसारित किया जा सकता है। ऐसा किए जाने पर सम्बंधित के विरुद्ध कानूनी कार्यवाही की जा सकती है।

समर्पण

माँ शारदे को नमन करते हुए
मेरे जन्मदाताओं
को सादर समर्पित !

लेखकीय वक्तव्य

मैं बस इतना ही जानती हूँ कि जब मन में भाव उमड़ते हैं, एक आकृति लेने लगती है और रचना शब्दों की माला में गूँथ कर कोरे कागज पर कविता के रूप में उतर जाती है। गीत, चौपाई, दोहा, छंद..., बस वह जिस रूप में, जैसे निकल जाए उसी रूप में पन्ने पर अंकित हो जाती है। हम शब्दों का हेर–फेर कर भावनाओं को विकसित कर सकते हैं पर उन्हें बदल नहीं सकते। यही मेरी भावनाएँ लेखन का रूप लेती हैं।

अन्य रचनाकारों की तरह मैं भी चाहती हूँ कि मेरी रचना बेहतरीन हो, मेरी लेखनी भी निखरे, मेरे भी मन के भाव खूबसूरत शब्दों में आकार लें, पर शब्दों की बाजीगरी मैं नहीं जानती, उनसे खेलने की कला मुझे नहीं आती, भावनाओं को संशोधित करना भी नहीं जानती, बस इतना जानती हूँ कि मेरी कलम चलती रहे, भावनाएँ समृद्ध होती रहें और उन्हें मैं शब्दों के माध्यम से कोरे पन्ने पर उकेरती रहूँ।

मैं, समाज के विविध रँगों को उकेरना चाहती हूँ। उन्हें अपने शब्दों में ढालना चाहती हूँ, इसके लिए मैं मूलतः प्रेम की भाषा समझती हूँ। प्रेम है, तो सब कुछ है। प्रेम भी प्रीत की गहराई में हो, विरह में हो, जन्म में हो, मृत्यु में हो, रुदन में हो, गीत में हो या फिर नारी–जीवन की विभिन्न विभीषिकाओं में हो, पर हो जड़ में नारी ही। सृष्टि की समर्थता नारी में है, वेदना नारी है, प्रेम नारी है, मिलन में नारी है तो विरह भी नारी है। खेतों–खलिहानों, बारिश–धूप पत्ते–पेड़, पहाड़–झरना, सबमें नारी का ही रूप है, पूरी कायनात ही नारी का बिम्ब है, और मैं भी एक नारी हूँ, अंततः मैं नारी को ही जीती हूँ, नारी को लिखती हूँ, नारी को गाती हूँ और उसीको समर्पित करती हूँ। नारी में ही जीवन देने की शक्ति है, विरह झेलने की शक्ति है, कठोर और कोमल भावनाओं को पोषित करने की क्षमता है। अतः मेरी रचनाएँ नारी की पूरक होती हैं, नारी के विभिन्न रूपों का चित्रण होती हैं, नारी को समर्पित होती हैं।

अंत में, सभी शुभेच्छुओं का वंदन करती मैं बस यही कहना चाहूँगी कि मेरी कलम को, आप सभी का आशिर्वाद, स्नेह मिलता रहे और मैं निरन्तर साधना में लगी रहूँ।

सस्नेह

डॉ मधुबाला सिन्हा
राष्ट्रीय अध्यक्ष(भारत)
विश्व साहित्य सेवा संस्थान
मोतिहारी
चम्पारण–बिहार
845401
madhubalasinha681@gmail-com
9470234816

शुभकामना संदेश

प्रिय डॉक्टर मधु
स्नेहिल अभिवादन

यह जानकर हार्दिक प्रसन्नता हुई कि आपका एक और काव्य संग्रह प्रकाशित होकर साहित्य जगत को समृद्ध कर रहा है। इस निमित्त हार्दिक बधाई और शुभकामनाएं स्वीकार कीजिए।

आप की अब तक की काव्य–यात्रा साहित्य जगत में आपकी अपनी एक विशिष्ट पहचान बनाती है। फिर चाहे पूर्व में प्रकाशित कृतियां हों और चाहे आने वाली कृतियों का प्रकाशन, हर स्थान पर साहित्य के जानकार और समीक्षकों के बीच आपके लेखन की चर्चा होती रही है। यह सब देख सुनकर मैं मन ही मन हर्षित और प्रफुल्लित होता रहा हूँ। इसी ऋँखला में आपकी नवीनतम कृति के लिए मेरा मन अपार हर्षित है।

कविता का भविष्य मनुजता से जुड़ा होता है। कविता का रूप– स्वरूप वर्तमान के दृश्य– परिदृश्य तक सीमित करके नहीं रखा जा सकता। कविता में एक प्रवाह होता है, जिसकी लहरें, धाराएं बनकर भविष्य के सागर तक जाती हैं। जिस कविता में अतीत के अनुभव, वर्तमान की मुखरता और भविष्य की सजगता समाहित होती है, वह कविता न केवल जीवंत होती है बल्कि ऐसी कविता रचनाकार को अमर कर देती है। कविता के संबंध में ऐसी आवश्यक बातें मुझे आपकी कविताओं में जगह–जगह पर देखने को मिलती हैं।

सारांशतः इस रूप में मेरा आशीर्वाद यही है कि आप की कविताएं ना केवल समाज को एक दिशा देंगीं, बल्कि साहित्य जगत में आपके नाम को भी अमरता प्रदान करेंगी।

आशीर्वाद और शुभकामनाओं सहित

आपका अपना
डॉक्टर देवेंद्र तोमर
अंतर्राष्ट्रीय अध्यक्ष
विश्व साहित्य सेवा संस्थान
116 गांधी कॉलोनी मुरैना
मध्य प्रदेश 476001

शुभकामना संदेश

आज साहित्य जगत में एक सफल कवियित्री के रूप में अपनी पहचान बना चुकी मेरी छोटी बहन, डॉ मधुबाला सिन्हा के विलक्षण प्रतीभा का मैं बचपन से ही कायल रहा हूँ। बचपन से ही प्रतिपल सीखने और अध्ययन करने की तुम्हारी प्रवृत्ति ने तुम्हारी कविताओं को निरन्तर निखारने का काम किया है। आज साहित्य जगत में तुमने जो ख्याति अर्जित की है वह मेरे लिए गर्व की बात है।

मैं तुम्हारे पतिदेव विजय शंकर वर्मा जी तथा उनके साथ, तुम्हारे बच्चों——डॉ एकता वर्मा और डॉ प्रियरंजन का भी आभारी हूँ जिन्होंने साहित्य–सेवा के तुम्हारे संकल्प को हृदय से सम्पूर्ण समर्थन देकर तुम्हारे उत्साह को जीवन्त बनाए रखने में अग्रणी भूमिका निभा कर अपने दायित्वों का सच्चे अर्थों में निर्वहन किया। साहित्य जगत सदैव उनका आभारी रहेगा।

मेरी प्रबल इच्छा है कि साहित्य सृजन में तुम्हारी भूमिका सदैव महत्वपूर्ण बनी रहे और साहित्य सेवा के लिए तत्पर तुम्हारी लेखनी अविराम, अनवरत काव्य–रस छलकाती रहे।

तुम्हारे द्वारा लिखित 'बून्द–बून्द–धारा' काव्य–संग्रह तुम्हारे लिए मील का पत्थर साबित हो और तुम्हारी लोकप्रियता को चरमोत्कर्ष पर ले जाए यही ईश्वर से कामना करता हूँ।

सस्नेह आशीर्वाद

अग्रज अरविन्द श्रीवास्तव
साहित्यकार
(हिन्दी और भोजपुरी)
एकमा(छपरा)
बिहार

शुभकामना संदेश

डॉ मधुबाला सिन्हा, हिन्दी और भोजपुरी की सशक्त लेखिका जिन्होंने अपने जीवन में कई आयाम देखे हैं, जिनके बल पर वे अपने व्यस्ततम संघर्षरत समय से भी साहित्य–सृजन के लिए समय चुरा लिया करती हैं और मन के भावों को शब्द का आकार देती रही हैं। जितनी दक्षता, पद्य– लेखन में है, उससे कम गद्य लेखन नहीं है। साहित्य की सभी विधाओं पर वे पकड़ रखतीं है, चाहे...लघुकथा हो, कहानी हो, संस्मरण हो या आलेख हो, लेखनी इनकी अनवरत चलती रहती है। विवाहोपरांत, अपनी पढ़ाई जारी रखी। बच्चों के साथ समय व्यतीत करतीं, जीविकोपार्जन में भी लगी रहीं। साथ ही सामाजिक और साँस्कृतिक गतिविधियों में भी खुद को संलग्न रखा, फिर भी साहित्य की सेवा में निरन्तर लगी रहीं। 'प्रेमचंद की धर्म सम्बन्धी अवधारणा' जो इनके थीसिस का विषय भी रहा, उसे पुस्तक के रूप में प्रकाशित करवाकर समाज को एक धरोहर के रूप में प्रस्तुत की। 'बूंद–बूंद–धारा', चौथी काव्यसंग्रह के लिए मैं इन्हें बधाई देता हूँ और निरन्तर उज्जवलित होने के लिए शुभकामना भी देता हूँ। साथ ही यह भी कामना करता हूँ कि आपकी लेखनी, हिन्दी के साथ–साथ भोजपुरी को भी ऊँचाई प्रदान करे।

शुभेच्छु
विमलेंदु भूषण पांडे
छपरा (बिहार)
साहित्यसेवी

शुभकामना संदेश

प्रिय मधुबाला

बहुत–बहुत प्यार और स्नेह

विश्व साहित्य सेवा संस्थान में अपनी सेवाएं देते हुए मैंने तुम्हारी काव्य प्रतिभा को बहुत निकट से देखा है। तुम्हारे अंदर एक रचनाकार के समस्त गुण मौजूद हैं, यही कारण है कि तुम्हारी रचनाएं भाव और विचार की दृष्टि से परिपक्व रचनाएं होती हैं।

हम सभी लोगों ने समय–समय पर तुम्हारी काव्य– प्रतिभा का प्रदर्शन होते देखा है और हम इस बात से हमेशा एकमत रहे हैं कि तुम्हारे पास एक संवेदनशील हृदय के साथ–साथ प्रखर बुद्धि वाला रचनाकार मौजूद है।

तुम्हारे कविता संग्रह के प्रकाशन की सूचना पाकर हम सब बहुत बहुत प्रसन्न और गौरवान्वित हैं।

विश्व साहित्य सेवा संस्थान के अंतर्राष्ट्रीय अध्यक्ष डॉक्टर देवेंद्र तोमर ने कल ही रेड फोर्ट नाम के एक प्रसिद्ध चैनल पर तुम्हारे प्रकाशित होकर आने वाले कविता संग्रह की जानकारी हम सब लोगों को दी थी, जिसका शीर्षक 'चलो घर चलें' है।
आज तुम्हारी एक अन्य कृति के प्रकाशन की सूचना पाकर मन गदगद् हो गया।

मैं ईश्वर से प्रार्थना करती हूँ कि तुम इसी प्रकार प्रगति के पथ पर अग्रसर होती रहो।

तुम्हारी बहन
डॉ आर कल्पना
अंतर्राष्ट्रीय महासचिव
विश्व साहित्य सेवा संस्थान
चेन्नई भारत

अनुक्रमांक

1 जगजननी

माँ ऐसा दो वरदान मुझे तुम
जीवन सफल हो जाए मेरा
जिंदगी के अविचल पल में
नाम लेती मैं रहूँ सदा तेरा

तुमने तो जीना है सिखाया
अपने आँचल की छाया में
बिन तेरे माँ कदम उठे ना
साँसें चलती हैं तेरी आस में

तू है धरा माँ सुन मेरी पुकार
तुझसे हीं तो आबाद हैं हम
तेरी शीतल सनिध्य में जननी
जीते हैं, तेरा उपकारी हैं हम

पूत कपूत तो सुनी है जननी
कभी माँ को न जाना कुमाता
तुझ बिन दीप कभी जले नहीं
भाग्य–रचना लिख दी है विधाता

नौ महीने गर्भ में तू हमें रखती
उसका प्रतिरूप नौ दिन का है
नौ दिन में, नौ जन्मों की चेतना
मिल जाता, यह उसका फल है

माँ–कह कर, एक बार पुकारूँ
तुरत, दौड़ी चली आती है माँ
तू दिखाए कई राह हमें पर,
अँधे हम नहीं देख पाते हैं माँ

बस आँचल की छांव तले माँ
यूँहीं हमको तुम छुपाए रखना
नवरात्र में ही नहीं माँ हम पर
आशीष, सदा ही बनाए रखना

2 उलझन

लोग कहते हैं
मैं——
उलझ गयी हूँ
सुलझने की चाहत में
शायद——
मैं खो गई हूँ।
उलझन और सुलझन में
और उलझ जाती हूँ
खोलूँ जो गाँठ मैं
और बंधती जाती हूँ।।
सिरे को नकार कर
सीधे से गाँठ खोलूँ
रेशे रेशे में और
मजबूती दे जाती हूँ।
कौन नहीं चाहता
रहना आजादी से
बिन खेवइया अब
नइया डुबाती हूँ
पतवार की कोई
बात न जाने अब
उथले ही पानी में
नइया चलाती हूँ
उलझन जो थाम लिया
सुलझा मैं आऊँगी
बिन रेशों को तोड़े

गांठे सुलझाऊँगी
हाँ—उलझा जो जीवन है
उसको सुलझाऊँगी।

3 बेटी

जूही की कली है,
खिलती चमेली है
रजनीगंधा वाली
खुशबू सहेली है
मरियम है गीता है
राधा और सीता है
अहिल्या, अनसुईया,
कामायनी की इड़ा है
सूरज की लाली है
चाँद की शीतलता है
तारों के उपवन में
रातरानी की शय्या है
मेहँदी की खुशबू है
महुआ की मिठास है
आमों के मंजर की वह
भीनी– भीनी गमक है
पिता की पगड़ी है
राखी की आँच है
ममता के अँचरा में
बंधी हुई लाज है
मायके का उपवन है
ससुराल की ताज है
सिंदूर की रेखा से
निभती संस्कार है
बेटी मेरी चिरइया है

घर–अँगना गुलजार है
सब के माथे पर सजती
वह,
वही तो स्वर्णताज है।

4 जश्न मनाएँ

आओ मिलकर जश्न मनाएँ
जीवन को खुशहाल बनाएँ
सारे शिकवे भुला चलो अब
नए तरँग में फिर लहराएँ

हुआ क्या जो सहना पड़ा
अपनों को भी छोड़ना पड़ा
बहुत बिछड़े तो कई मिले भी
उन अपनों सँग फिर मुस्काएँ
आओ मिलकर जश्न मनाएँ

हर जीवन में दुःख आता है
दर्दनाक बन दिल दुखाता है
जब बारी जाने की है आती
रोक जतन कोई भी न पाएँ
आओ मिलकर जश्न मनाएँ

दिन महीने हैं साल बदलते
बुरे वक्त शायद ही हैं रहते
अब ईद के सँग होली दिवाली
चलो खुशी से हर दिन मनाएँ
आओ मिलकर जश्न मनाएँ

5 क्या लिखूँ

तुम कहते हो अच्छा लिखती हूँ
दिल कहता, हाँ लिख लेती हूँ
लोग हैं कहते– मैं लिखती हूँ
कुछ कहते कुछ और लिखो
जमाना कहता, कुछ भी न लिखो
घर कहता क्या लिखती रहती हो
कोई कहता, यूँ ना लिखा करो
बच्चे कहते यूँ ही लिखा करो

कलम है कहती, सत्य लिखो
दिल कहता, अभिव्यक्त करो
तुम कहते, मुझपर तो लिखो
कुछ कहते, सामयिक लिखो
कोई कहता, बस दर्द ही लिखो
कुछ समझाते, प्यार को लिखो
मन कहता, बस प्यार को जिओ
सम्वेदनाएँ और अभिव्यक्ति को
लेखनी में यूँ ही अभिव्यक्त करो
बस, तुम यूँ ही लिखा करो

समझ न पाती क्या–क्या करूँ
कुछ अपनी व्यथा–कथा कहूँ
कुछ दूसरों की भी सुनती रहूँ
कुछ दूसरों पर लिख भी जाऊँ
या अपने मन की करती जाऊँ

कुछ दूसरों के लिए लिखूँ
या दूसरों में खुद को कहूँ
एक– दूसरे की सुनते–करते
मन–दर्पण में सँवरती जाऊँ

मन की व्यथा, मन में रह जाती
मन का भेद उलट नहीं पाती
सबकी कथनी सबकी करनी
क्या दरकिनारे मैं करती जाऊँ
ऐ मन बोल, तू ही बता अब तो
क्या–क्या मैं सुलझाती जाऊँ
क्या मैं छोड़ूँ और क्या मैं लिखूँ
सम्बन्धों को गढ़ती जाऊँ
चल मेरी लेखनी, अब तो चल
मन के भाव उलीचती आऊँ।

6 भूल गई

तुमने कुछ कहा था मुझसे
या मैंने ही कह डाला हो
खट्टे–मीठे अनुभव भी या
साथ मिलकर बांटा हो
मन के खाली दर्पण में
तस्वीर आँख भर देखी थी
या उन काली रेखाओं में
जुगनुओं को भर आई थी
सब कुछ भूल गयी हूँ मैं

धवल चाँद ने धरा को चूमा
अपनी किरणें बिखराई थीं
समंदर की लहरों ने फिर
या अपनी माँग सजाई थी
गुल चितवन बने चकोर थे
या सारी कलियाँ मुस्काई थीं
पपीहा की रुँधी बोली पर
जाने आँखें क्यों भर आई थी
सब कुछ भूल गयी हूँ मैं

नहीं भूली तो वफा की बातें
जो मन को मेरे लुभाई थीं
और जीवन को सतरँगी फिर
आभा से अपना बनाई थीं
नहीं भूली वो गिले – शिकवे

नहीं हसीन ख्वाब की रातें
नहीं बिसरी मन से बीणा की
झँकृत वो तान की सारी रागें
हाँ वह भूल नहीं सकती मैं

मधुर—मिलन की राग प्रिये
नहीं भूल सकती हूँ मैं
तेरा वह अनुराग प्रिये
नहीं भूल सकती हूँ मैं
यही है जीवन – गीत प्रिये
मिलना क्या बिछड़ना क्या
मन को लुभाती सरस प्रिये
हँसना क्या है रोना क्या
हाँ यह भूल नहीं सकती हूँ
मैं यह भूल नहीं सकती हूँ

7 सन्नाटा

सन्नाटे को चीरती
अंधकार की चीख
दे जाती है
भयावहता

और एक उघड़ी हुई
चीत्कार के कोर को
देती आभास मौन का

वीभत्सता के अँगनयी में
विचरण करती खामोशी
विघटन के बीज को
करती है अँकुरित

काश!!!
पल्लवित हुआ रहता
अड़हुल का फूल भी
एक खूबसूरत आगाज में
उपवन की ओर से

8 त्योहार मनाएँ

क्यों त्योहार मनाते हैं हम
क्यों व्यवहार बनाते हैं हम
मन की बुझती आशाओं में
क्यों इक जोत जलाते हैं हम
क्यों त्योहार मनाते हैं हम ?

मन के पावक धधक रहे हैं
भूखे तन मन भटक रहे हैं
जीवन लगती अब बेमानी
क्यों उपवन मुस्काये हम
क्यों त्योहार मनाएँ हम ?

चिहुँक उठे मन के गागर हैं
अंतर की ज्वाला सहमे हैं
दाने– दाने ताने हैं सुनते
क्यों फाग की राग सुनाए हम
क्यों त्योहार मनाएँ हम ?

जंजीरों में हम सब जकड़े
उलझे अपने जालों में मकड़े
अनुभूति की जगह नहीं है
हुए अपने अब बेगाने हम
क्यों त्योहार मनाएँ हम ?

सरसो ना फूले तीसी गमके

29/ बूँद बूँद धारा

गेहूँ की बाली हैं सब सहमे
गौरइया भी मनभोर रही है
अब दाने चुगने से डरते हम
क्यों त्योहार मनाएँ हम ?

9 क्या हूँ मैं ?

मैं
नदी के किनारों के बीच
बहती, जलधार हूँ
जिधर है बहती हवा
उधर की पुकार हूँ

कभी पुरुष हो जाती
होती मैं कभी नार हूँ
चक्की –पाटन के बीच
पिसती हुई ज्वार हूँ

कभी कामकाजी तो
कभी मैं बेकार हूँ
कभी प्रीत की गौरइया
फिर, कभी गंवार हूँ

कभी–कभी तो लगता
क्यों जीने को लाचार हूँ
कभी जीने की आस में
लगता कि बहार हूँ

चलो मन एक बार फिर
चलने की आन हूँ
जी लूँ जो इक जीवन है
क्यों इससे अनजान हूँ

दामन भरी खुशियाँ जो
उसको सँवारती हूँ
जी लूँ यह जिंदगी फिर
गम को मैं वारती हूँ
हाँ––
क्योंकि, मैं इक नारी हूँ।

10 कविता

खूबसूरत हैं अल्फाज मेरे
या शायद उसकी तासीर
नयन–द्वार से उलझती अक्सर
होठों तक आ जाती है
प्यारी–सी मुस्कान बिखेर
बेफिक्र, इम्तिहाँ की गलियों से
चुपचाप टहल वह जाती है
सजदा करती, तुझे बुलाती
शब्दों से खेला करती है
कलम की निब पर आकर
अठखेलियाँ कर जाती है
वंदन है, अभिनन्दन है
इशारों में यह बताती है
और प्यार से चुपके आ
सरगोशियाँ कर जाती है
सतरँगी शब्दों के भँवर में
अल्फाज मेरे जब रचते हैं
मैं जो कुछ भी लिख जाती हूँ
वे कविता में ढल जाते हैं।

11 जुम्बिश

बादल पूछे सूरज से
क्यूँ तू आँख मिचौली खेले
कभी छुप जाए आगोश में
कभी दूर हो नजरें फेरे

कभी मचलती लब को छू ले
कभी बूंद बन आँखों से टपके
कभी सिहर मन को तड़पाते
कभी गगन गरमी हर लेते

कभी धाह जुम्बिश करती
हो मन आघात लगाते
कभी हृदय को झंझावत की
हो तुम राह दिखाते

कभी धरा व्याकुल नजरों से
हमको देखा करती है
और कभी भरे नयन से
खुद को निहारा करती है

कभी – कभी तो ऐंठन में वह
खुद ही घबड़ा जाती है
और कभी सपनों की दुनिया
अपनी सहेज आती है

अपने आगोश से बाहर हमको
थोड़ा सा घूमा तो लाते
हृदय पटल की गरिमा से
अभिभूत कभी कर जाते।

12 तू क्या लागे

तू है कौन मेरा
मेरा क्या लागे
कैसे बंधते हैं
प्रेम के ये धागे
तू है कौन मेरा?

बांधी जो डोरी
मन की चकोरी
नैना मिले तब
जागे सकोरी
कहने की बातें
बीती जो रातें
सावन के मौसम
में भीगे हैं तनमन
छुपने की बारी
है चंदा की आई
तू है कौन मेरा?

दिल की अगन में
सपनों के तन में
टूटे हैं बन्धन
बांधे उसे मन
अब तो तू आजा
नैना बसा जा
तुझ बिन अधूरी

साँसों की डोरी
तकते तख्त पर
आँसू के मंजर
प्यासी धरा है
मन के थकन से
अब तो तू आ जा
अब ना सता जा
ये टूटे न बन्धन
ना है सम्मोहन
ये कच्चे हैं धागे
पर पक्के हैं वादे
तू कौन है मेरा?

सहमी चाँदनी है
रोती है शबनम
उजले परिंदों की
चहकन है हरदम
न ये साँस टूटे
न आस अब ये छूटे
कुहूकती है कोयल
रोता पपीहा
न सुरों का है सरगम
हैं ना नाचते मयूरा
चलो अब तो आओ
वादा निभाओ
चमकेगा सूरज
शीतल चाँदनी हो
फूलों की खुशबू

करौंदों की गमक हो
पायल की रुनझुन
चूड़ी की खनखन
अब तो कहो तुम
मेरे हो कौन तुम
फलक चाँदनी की
या तारे जमीं के
तू है कौन मेरा?

13 सैनिक

सजग, सतर्क, चौकन्ना बनकर
कर्तव्य निभाते रहते सैनिक
हैं, अपने जान न्योछावर कर
हमारी आन बचाते सैनिक

कपट कराल को दूर से ही तो
हैं नमस्कार कर जाते सैनिक
तनिक नहीं कोई द्वेष किसी से
कभी तो कर आते हैं सैनिक

रण भूमि में दुश्मन के भी दाँत
खट्टी करके तो आते हैं सैनिक
ध्वजारोहण वहाँ खुद से करके
ध्वज की शान बढ़ाते हैं सैनिक

जल – थल हो या हो वायु की
जंग से न घबड़ाते हैं सैनिक
अपने तिरँगे की आन लहू से
तिलक लगा आते हैं सैनिक

चुटकी में हैं मसल आते जब
दुश्मनों की आन ये सैनिक
सीना चौड़ा हो जाता गर्व से
देश सुरक्षित करते हैं सैनिक

जहाँ चलता हो काम कलम से
तलवारबाजी नहीं करते सैनिक
पहले सम्मान की आन देखते
फिर अपने पे आते हैं सैनिक

हैं नहीं किसी से गज वे छीनते
अपनी ऊँगली नहीं देते सैनिक
अपनी जमीन अपनी बचाओ
मिट्टी अपनी नहीं देते हैं सैनिक

है नमन तुमको मेरे वीर सपूतों
सदा देश की आन तुम सैनिक
सदा सजग प्रहरी बन रहना
झुके नहीं सिर ताज ऐ सैनिक

14 जिम्मेदारी

बेटे ने संभाली है जबसे
बाप की सारी जिम्मेदारी
बाप समझने लगे खुद से
अपना जीवन यह लाचारी

विषम परिस्थिति में भी
जिसने अपनी की खुद से
आज वही बंजर बन बैठा
जाने क्यों खुद को खुद से

भले बेटा प्रगति के पथ हो
बाप समझता नादान उसे
जीवन की गहराईयों में भी
कच्चा समझता कदम उसे

एक बार विश्वास तो कर लो
मन को तू समझाओ खुद से
बेटा तेरा अक्स ही है जानो
बढ़ने दो उसको तो खुद से

वह तुझ से आगे बढ़ सकता
मन को आस तो दो खुद से
जीवन–चक्र यही तो चलता है
मन को भरो ना तू निराश से

15 मन का आँगन

मन के नन्दन वन में अंकुरित
एक स्निग्ध मुस्कान तू है
कुछ धुँधली–सी बिखरी चाँदनी
एक धवल बस आस तू है
मन के नन्दन..........

मन आकाश में उड़े पतंगा मांझा तो तेरे हाथ है
जितना जोर लगाऊँ मैं तो आता नहीं वो हाथ है
बिखरीं किरणें आस जगाती––––2
पिया मिलन की आस है
मन के नन्दन.........

डोलती नईया डरा खेवइया धार नदी की उल्टी है
उथला सतह है बीच भँवर है किस्मत भी तो फूटी है
समय की सुई उल्टी चलती–––2
घुटन में अब साँस है
मन के नन्दन........

दिल के हाथों बिक तो गई हूँ ओ मेरे नन्दलाला
गुलबकावली बन डोलती फिरती हूँ मैं तो आला
तुझ बिन जीवन जीना क्या है–––2
बढ़ती जाती प्यास है
मन के नन्दन........

16 प्रेम

इतिहास गवाह है
प्रेम––
आसानी से नहीं मिलता
गर मिल जाए तो
उसका
मूल्यांकन हो जाता है गलत
आधारहीन
विवेकहीन
व्यर्थ की वस्तु
या फिर
समयपास को करती व्याख्यातित
उससे भी पहले
शंकित और
भ्रमित करती मूल्यांकन
कहीं कोई रोकटोक नहीं
कोई अपवाद नहीं
बस––
आसानी से उपजे
हृदय के स्नेह अंकुरित भावना को
दमित करने का साधन
यही शायद प्रेम का है विराम
कह लो शायद अभिराम
या –––
शक के दरिया में मचलती
मन की भावनाएँ

शायद यही हैं आत्माभिराएं
प्रेम–
थक कर बैठ मतं
निराश होकर सोच मत
अपना निदान तू खुद कर
अपनी पहचान तू खुद बना
तेरे पास वही होंगे
जो तेरे अपने हैं
साथ वही होंगे
जो तुझमें हैं
प्रेम–
तू असहाय नहीं
तू पूर्ण है
क्योंकि
तुझीसे जिंदगी सम्पूर्ण है

17 आस

धुआँती शाम में देखो
गईया रंभाती है
मिलन की आस लेकर
बछड़े को बुलाती है

रम्भाने से नहीं जुगुति
अब तो कर्म करने दो
करूँ सत्कर्म अब ऐसा
अपने पैरों पर चलने दो

बीते जो सारे पल थे वे
मिलन की आस में तो थे
बनाऊँ मैं तो जीवन–सार
कभी गुलजार जो तो थे

कभी इंसान बनकर जी
जो कभी गुलाम बनकर थे
कभी तो बात पर अपने
मिटने की आन बनकर थे

कभी तो खुद सफल बन
एक आस सँग जीती थी
जहाँ में झंझावत करके
अब बगावत लाद आए थे

करूँगी कर्म तो मैं अब
जैसे सत्कर्म होते थे
मिलन की आस में तो
बड़े–बड़े कर्म होते थे

है इक आस का पँछी
मिलन की राह तकते थे
हो परिपूर्ण जो जीवन
व्याकुल निगाह तकते थे

चलो अच्छा हुआ कभी
न तुम हारे न मैं हारी
एक स्वप्न अधूरे–से
जज्बात अधूरे थे।

18 प्रेमाभाव

सूरज उत्तरायण हो गया
साँझ चहलकदमी करने लगी
बगुलों ने हैं पँख फैलाए
अतड़ियाँ कुलबुलाने लगी

कुछ जतन कर ऐ गगन–धरा
मिलन की आस लुभाने लगी
सँस्कारों की पुनरावृत्ति कर
मधुरिमा को फिर बुलाने लगी

दान–पुण्य और धर्म–अधर्म सब
फिर से है याद तो आने लगी
अच्छे कर्मों के पाँव तले फिर
बुरे कर्म भी हैं सताने लगी

हैं चार वर्ण सँग चार हीं धाम
व्यभिचार को दूर हटाने लगी
पूजा–भक्ति की है ये आसक्ति
मन में भाव अब है जगाने लगी

पर इन सब भावों से है बढ़कर
जो प्रेम, स्नेह, प्यार, सम्मान
उनपर न पड़ जाए मिट्टी कहीं
दुनिया को सन्देश सुनाने लगी,

19 फिर सुबह आएगी

तुम सुना रहे थे वहाँ
वफाई की अपनी दास्ताँ
नजर झुक गयी थी क्यों
जो नजर मुझसे उलझ गई

उल्फत की रागिनी छेड़ी
तो परिंदे भी मुस्कुरायेंगे
वफा की रागिनी छिटक
पलकों को चिलमन बनाएंगे

वातायन खुली रह गयी थी
कभी ताजी हवा तो आएँगे
झकझोड़ गया था तभी कोई
अब अहले वफा मुस्कुरायेंगे।।

झुकी– झुकी नजरों की अदा
सम्भाल लो तो ऐ दिल जरा
कहीं टूट कर बिखर न जाएँ
कहकशाँ जलवा दिखाएगी।

20 जीवन

भावुकता से भरा यह जीवन
जाने क्या–क्या रँग दिखाएगा
कुछ सपने अपने बनकर फिर
तो यह दूर तलक चला जाएगा

जाने क्या – क्या लिखा विधाता
समझो, वह जैसे अब समझाएगा
जीवन–प्रहरी बना सको तो उसे
शायद लौट कर फिर आ जाएगा

नहीं चाहती कहना पर अब
मौन भी तो नहीं रहा जाएगा
जीवन – चक्र में फंसा हुआ जो
क्या वह राह पर आ जाएगा

चलो निरन्तर अब चलते जाओ
किसको कौन अब समझाएगा
प्राणवायु, आओ रचित यह सृष्टि
जग में मिल, फिर से फैलाएगा

भावना, प्रेम, समर्पण शायद
फिर से सँग जुड़ कर आएगा
चलो कोई गलती ना हो फिर
यह दुनिया को दिखलायेगा।।

21 सम्बन्ध सजाएँ

रात घनेरी पथ में शूल
प्रियतम मुझको न जाना भूल
झुण्ड–झुण्ड मेंढ़क टर्राये
हैं दिल में उठाए हूल

कड़वाहट सम्बन्ध भरे
नागफणी सदृश खड़े
घुटी–पिटी जिंदगी है मेरी
भरे राह में अपने रोड़े

घर–आँगन से अब देहरी
खुशियाँ बन गयी हैं प्रहरी
कड़वाहट सम्बन्धों का यह
दे जाती है भार अब दोहरी

आ जाओ अब फूल खिलाएं
रीते सम्बंध, फिर से दुहराएँ
गम के बादल छंट जाएँगे
साथ जरा टहल हम आएँ

मिट जाएगा फिर अँधियारा
उम्मीद जगे होगा उजियारा
मैं दीप प्रज्वलित करती हूँ
गम के बादल, करे किनारा।।

22 नन्हा पोता

ओ मेरे हृदय–पुष्प
तुझे ताके मेरे नयन
रतन–धन तू है मेरा
और तू है जीवनधन

तोतली ही सही पर
आवाज तो दे
डगमगाए हैं तेरे कदम
चलने का आगाज तो दे
तुझ बिन बीते
न मेरा कोई क्षण
अब मेरे पास आ जा
करूँ यही जतन

तू मेरे पूत का
पूत बनकर है आया
तुझीसे है रौशन
मेरा जग ये सारा
चलो थामो ऊँगली
और बढ़ाओ कदम
मेरा तुझसे है जीवन
उसे बनाओ सक्षम।।

23 कौन है वह

कुछ तलाशते नयन
कुछ अधरों की मुस्कान
खुली – बिखरीं जुल्फें
अधखुले होंठ
आखिर
ये तलाशती किसे हैं ?
कौन है जिसे
निहार कर ही
होना चाहती हैं तृप्त
है इंतजार किसका
इन खुले गेसुओं को ?
अधखुले होंठ
ये पुकारते किसे हैं ?
नाम ले चुपके चुपके
ये बुलाते किसे हैं ?

है कौन वह दीवाना
फिरा दे जो उँगलियों को
सवाँर दे इन्हें
चाहत की कंघी से !
होठों पर धर दे प्यार से
नाम के अपने जुम्बिश को !

कौन खुशनसीब है
वह कौन भाग्यवान है

सवाँर दे जनम मेरा
वह कौन सौभाग्यवान है ??

24 विह्वलता

यह विरह की वेदना है
है या जीवन की दास्ताँ
कुछ अधखुले पलकों की हैं
या हृदय – स्पंदन की है बयाँ

सात सुरों में गूँजती है
स्वप्न अधमुँदी आँखों का
भ्रमर करते गूँजन–हृदय हैं
काँपते –अधर करते पान का

विरहिण हृदय के तार को
झँकृत करते स्पंदन तेरा
काँपती है लेखनी फिर
मधुमास का कम्पन तेरा

क्या कहती हैं ये तितलियाँ
हैं अपने रँगों को बिखेर
यह मिलन की प्रणय–गाथा
या भरा है विरह सुमेर

हैं नयन जब सुध खो चुके
स्पर्श का कुछ क्षण था बचा
नयन के पानी छलक चुके
दिल का आँसू अभी था बचा।।

25 ख्वाहिश

ख्वाहिश जो हुई चाहत की उसकी
कदमों को बढ़ाता चला गया वह दूर
कभी चुपके–से पास जा बैठी
सरगोशियाँ
चबूतरे से उतर, झटक चला गया वह दूर

ख्वाबों में सहेज कर
रात रात भर जागी थी
और प्यार में उसके मैं
आहें भरा भी करती थी
इक उम्र बिताने कभी
पास जो उसके आई थी
विदक कर जाने कितनी
चला गया वह दूर।।
फिर भी जाने क्यों उसका
मैं इंतजार करती हूँ
गलबहियाँ का उसके मैं
आभास भी करती हूँ
चूम कर पेशानी कभी वह
अपना तो कह जाएगा
आएगा जब लौट कर वह
चूर थकन हो जाएगा
वह आएगा जरूर क्योंकि
इतना तो वादा मुझसे है
जितना भरोसा नहीं है खुद का
उतना भरोसा उसका है।।।

26 अंतर

लाख जतन हो
जीवन में कुछ
अंतर, अंतर्मन रह जाता है
कुछ कहते मन की
कुछ सुनते
आज कहीं तो खो जाता है
पँख लगा उड़ जाते हैं
मन के पंछी
कुछ अपनी कुछ मेरी
रुक कर
झुक कर
दूर हो चाहे
पास आकर
मन की व्यथा सुना जाते हैं
जब मन चाहा
उड़ने को तो
परवाज हटा आते थे
आज जब वह हटना चाहे
उसे––
दिल के करीब
बुला आते हैं
जब भी मन चाहा
पँक्ति चुनने को
बेहतर कभी न चुन पाया
अंतिम कड़ी की

अंतिम बद्धता
मुझको हमेशा से लुभाया
आज —
पहली की जुगत बनी तो
अंतिम कड़ी ही रास आयी
अंतर—
सतत ही
अंतर रहता
कभी सनातन बन जाता
जीवन के हर क्षण देखो
अंतर, सदा ही रह जाता
चाहे स्थिति जो भी हो
जीवन को—
अब बस जी लेने दो
अंतर सदा रहेगा ही
चाहे—
प्रतिपल उसमें खो जाने दो।

27 गजल

दर्द की बस्ती से होकर आ गई।
अश्क की लड़ियां पिरोकर आ गई।

लोग सारे मुस्कराते ही रहे,
और मैं दामन भिगोकर आ गई।

रात कुछ ऐसी गुजारी रात, मैं
मस्तियाँ अपनी लुटाकर आ गई।

कर दिया खुशियों को उनके नाम और,
उनके गम दामन में भरकर आ गई।

जिस जगह थे सिर्फ अँधियारे 'मधु',
चाँदनी उस ठाँव बोकर आ गई।

28 जिंदगी से जंग

दिनभर की थकान से
चूर –चूर हो जाती हूँ
फिर अंजुली भर पानी
चेहरे पे डाल आती हूँ

जंग लड़ आती हूँ फिर
पूरे दिन की रवानी से
एक क्षण तो दे दो मुझे
मेरी अपनी जिंदगानी से

कतरती रहती हूँ खुद को
जीने की इक चाह लिए
परवान चढ़ाती उमंगों को
खुद को समझाने के लिए

उम्मीद की पतवार लिए
चुपचाप टहल जाती हूँ
बिन खेवइया नइया को
मझधार छोड़ आती हूँ

29 मैं हूँ

आज जो कुछ हूँ
मैं, खुद से खड़ी हूँ
किसी ने खड़ा किया नहीं
उल्टे पैर पकड़
पीछे खींचते ही रहे
ताने मार–मार कर
लहूलुहान
करते ही रहे
कभी अपना बनने का ढ़ोंग
तो कभी
अपनत्व का दिखावा कर
साथ छलते रहे

क्या कोई अपना
सच में
बन सकेगा ?
ढ़ोंग से दूर क्या
अपना मुझे कह सकेगा?
बहुत दूर तलक न चले
पर
हाथ थाम अपना क्या
कभी कह सकेगा ?
मैं हूँ !!!!
इतना भी क्या कोई मुझे

कभी बता सकेगा ?

मत बढ़ाओ मेरे हौसले को
जरूरत नहीं मुझे
पर—
साथ चलकर
पीछे से धक्का गर मिले
तो क्या कोई अपना
उसे सम्भाल सकेगा ?

इंसान हूँ
मुझे इंसान ही रहने दो
देवत्व का अभिमान नहीं
अपनत्व का वरदान
मुझे भी लेने दो
तुम साथ रहो
मुझे गुमान यह करने दो
नहीं किसी की
जागीर, बन रहूँ मैं
मुझे अपने पर आप से
खुद,
यह अभिमान तो करने दो

हाँ——
मैं जो कुछ हूँ
खुद की बदौलत हूँ
यह आत्माभिमान तो रहने दो।

30 वे बच्चियाँ

चुनती
कूड़े के ढेर से
शीशा, लोहा, प्लास्टिक
उन बिखरी ढेरों में
तलाशती अपनी खुशियाँ
कचरों के रूप में
दो मासूम बच्चियाँ
पता नहीं था उन्हें
दुलारती उन हाथों में
नागफनी के कांटे हैं
जो
खिलने के साथ
खूबसूरत तो लगते हैं
पर–
चुभने के साथ
अंतर्मन को भी बेध देते हैं
वही दो हाथ
अपनत्व के
चाशनी में डुबोकर
सर्वस्व लूट ले जाते हैं
और फिर पीछे अपने
दर्द और विघटन का
सैलाब छोड़ जाते हैं
उनकी मासूमियत पर
हैवानियत की

पहचान छोड़ जाते हैं
हाँ—
उन मासूम बच्चियों के
दामन पर
हैवानियत की अमिट
छाप छोड़ जाते हैं

31 कौन हूँ मैं?

कोई कहता तू मेरी प्रियसी
नील गगन से उतरी जैसी
नील परी –सी लगती हो

कोई कहता मैं तेरा हमदम
साथ चलूँ तेरे कदम– कदम
रहूँ जीवन – भर तेरा रहबर

कोई कहता, तू जीवन – धन
मान ले, तू है मेरा तन – मन
जीवन – बगिया तुझसे गम–गम

कोई कहता साथ चलो अब
देर करो न, हाथ थामो अब
तुझ बिन जिया न जाता अब

कौन हूँ मैं ? और मैं क्या हूँ?
किस के लिए क्या– क्या हूँ ?
क्यों कहते सब ऐसा मुझको ?

मैं खुद के सँग ही जीती हूँ
रोती हूँ और हँसती भी हूँ
फिर भी ऐसा कहते क्यों सब??

क्या हक नहीं मुझे जीने का?

मुस्काने का और हँसने का ?
सबको फिर परेशानी क्यों है?

कहाँ जाऊँ अब मैं कैसे रहूँ ?
कौन बेगाना, अपना किसे कहूँ?
बोलो, क्या दुनियाँ छोड़ चलूँ??

32 जीवन की बेला

दिल का दर्द देखो तो
कैसे यह उमड़ता रहा
पास से न जाने को कभी
यह तो मचलता रहा

अश्रु जो हैं वह थमता नहीं
बस, आँखों से बहता रहा
कल की बातें क्या जानूँ मैं
आज दम मेरा घुटता रहा

चुपके– चुपके पलकों में
बन्द दरवाजा खुलता रहा
स्वप्न अधूरे, खामोशी से
चुपचाप बस टहलता रहा

आँखों में पलते आँसू देख
समंदर भी दूर खिसकता रहा
और गर्दिश की मारी सुनहरी
सुरमयी आँचल, ढलकता रहा

कलियाँ नहीं खिलती अब
उपवन उन्हें निचोड़ता रहा
जाने कैसे कैसे जीना अब
यह जीवन आस छोड़ता रहा

रहा मरघट–सा सन्नाटा छाया
देखो पलकें अब मूँदाता रहा
जीवन की अंतिम बेला में
साया भी साथ छोड़ता रहा।

33 मजबूर हम

मजबूर है,
हर शख़्स यहाँ
अपनी बेबसी–बेचैनी को
फुर्सत किसे समझने की
किसी और कि
लाचारी को,
ना जाने लोग
कहाँ चले जा रहे हैं
दूसरों के कंधे पर
पैरों को अपनी
जमा रहे हैं
जमते–जमते
पत्थर हो गए
अपनी भावनाओं को
देखो ये
बंधक बना रहे हैं
सम्भल जा ऐ दिल
रुखसत न कर
सबकुछ यहीं
धरे रह जाएंगे
उसूल को भी तेरे
कोई तो
समझ न पाएँगे

34 क्या लिखूँ

अभी से क्या कहूँ तुम कौन हो मेरे
अभी आगाज है पुश्तगी क्या लिखूँ

तेरे पहलू से निकला एक गुल हूँ
अभी से खिलने की कला क्या लिखूँ

कलम की निब बनकर सलाम दूँ
अभी से मैं कोई तहरीर क्या लिखूँ

दास्तानें दिल की सुनाऊँगी रुबाई
कोरे पन्ने पर दस्तखत क्या लिखूँ

छुपे कई जख्म दिल के दीवारों में
अभी से मरहम की बातें क्या लिखूँ

है मुहब्बत तिजारत बन गई
अब पैमाना बदल रहा क्या लिखूँ

लोग कहने लगे दीवाना हैं मुझको
हुआ दीवानापन तो अब क्या लिखूँ

साँझ को दुपहरिया या भोर को रात
इश्क जाने अब मैं क्या–क्या लिखूँ

सुहानी राज की बातें कही जाती नहीं
गजल का अशरार अब क्या लिखूँ

35 प्यार

पूछते हो––
क्या प्यार करती हो ?
हाँ––
तो कहती क्यों नहीं
और ना–––
तो ऐसा क्यों ??
अब कोई उनसे पूछे
कि––
प्यार क्या कह कर किया जाता है?
इकरार
क्या शब्दों से किया जाता है?
भावनाएँ
क्या जुबाँ खोल कर ही करते है ?
अब––
उनको क्या समझाऊँ मैं !!
यह तो
पहली नजर का तोहफा है
यह मौन की
स्वीकृति होती है
यह ––
भावनाओं की सहमति है
बस!!!!
प्यार किया नहीं जाता
यह तो ––
खुद से ही हो जाता है

सम्भलता नहीं
सम्भालना होता है
बस प्यार
ईश्वर का वरदान बन जाता है।

36 अरमान

धुँआ–धुँआ है जिंदगी
चलो इसे सवाँर लें
न हम उदास हो कभी
कोई हमें उबार ले

जहाँ पैरों में हो मिट्टी
तिलक वहीं ललाट हो
जहाँ खुशी गलबट्टी
आशियाँ वही विराम हो

अँगना में छांह तुलसी
चौबारे दीप प्रकाश हो
चौखट बुजुर्ग हाथ तो
सिर, माँ का अभिमान हो

किलकारी झूला झूले
बाँहों का अरमान हो
प्रीत–रीत सदा जग में
सुहाग भी परवान हो

हे ईश सदा रखना
आशीष सदा जग हो
धुँआती जिंदगी कटे
पावन मीत की बाँह हो

37 काश!!

क्या कहूँ
किसे कहूँ
न जाने उलझनों में
किस किस को कहूँ
गर तुम पास होते
तो क्या कह सकूँ ?
सोचती हूँ अगर
तुम साथ होते
दिल की मुहब्बत
भी साथ होता
तेरे आगोश में लिपटी हुई
जाने कितनी उलझनें सुलझती
बाँहों में तेरे
मैं चेहरा छिपाती
सुकूँ से मैं तेरी बाँहों में रहती
शायद वहीं से
दुनिया छोड़ जाती
न कुछ शेष रहता
कहने को कुछ भी
बाकी भी न रहता
सुनने को कुछ भी
न ही उलझने फिर
जीवन लुभाती
न हीं फिर कोई
परेशानियाँ ही सताती
काश !! और काश !!

तुम पास होते
मैं जीवन की बगिया
सदा खिलखिलाती
काश !!!
और काश !!!

38 जिंदगी

जिंदगी हो गयी अब मेरी आपकी
कैसे कह दूँ खता हो गयी आपकी
जिंदगी.........

बात निकली अभी जाएगी दूर तक
ये साँस अँटकी रही क्यूँ अभी आपकी
जिंदगी.........

है आपने देखा जो मुझे इस तरह
कह गई है नजर कुछ तो आपकी
जिंदगी.........

कहीं रुसवा न कर दे जमाना हमें
डर लगता मुझको तो बस आपकी
जिंदगी.........

आपके इश्क में जज्ब हो हम चले
खता मेरी नहीं, ना यह है आपकी

जिंदगी हो गई है अब मेरी आपकी
कैसे कह दूँ खता हो गयी आपकी
जिंदगी हो गयी अब मेरी आपकी

39 ढाई आखर

प्यार जैसी पवित्र भावना
को बनाते हो क्यों व्यापार
पल भर में इजहार कर जाते
क्षणभर में हो जाती तकरार

साथ जीने– मरने की फिर
कसमें दुहराई जाती हैं
और गर जो निबह न पाई
जानें, दी और ली जाती हैं

ना प्यार का ही मान रहता
ना जान की कीमत होती है
रहता एक खिलौना बस यह
जब तलक न निभाई जाती है

बडी – बडी हैं हुई लड़ाइयां
इस प्यार के ढाई आखर पर
जाने कितनी कश्ती हैं डूबी
इस प्यार शब्द के मोल पर

इस शब्द के पीछे हीं कितने
घर – बार हो जाते हैं बर्बाद
इस शब्द में हैं तप कर कई
जीवन भी हो जाते हैं आबाद

प्यार शब्द के मर्म को समझो
केवल ढाई आखर नहीं है माप
बनती–बिगड़ती इसीपे जिंदगी
यह है, वरदान और अभिशाप

इस आखर के भाव को समझो
तो, जीवन सफल कर जाता है
घृणित दृष्टि से गर इसे देखो
यह कलंकित भी कर जाता है

40 कब आओगे ?

दूर गगन की छांव में मैं
तुमको ढूंढा करती थी
कब आओगे पास मेरे यह
सबसे पूछा करती थी
हृदय स्पन्दन करुण है क्रंदन
बिलख रही साँसों की आस
छूट गए ऊँगली के पोर
अब तो आ जाओ मेरे पास

छिटक चाँदनी पूछे तारे
बिखरे नैनन के हैं मोती
बेंदी हो गयी अब तार सारे
चलो अब न गिराओ मोती
मन को करो न अब निराश
आ जाओ अब मेरे पास।

41 प्यार करेंगे

चले थे जिन राहों पर हम
अब वो तन्हा– सी रहती हैं
कितनी कठिन चढ़ाई थी
ये सुनती और समझती हैं

ना रुकती साँसें हैं और ना
सहज सुलभ–सी चलती हैं
कितनी तन्हा बीत गयी ना
और कितनी बाकी रहती हैं

सपन सलोने रहते कभी थे
अब आँखों में नहीं आते हैं
दूर–दूर से हाथ दिखाकर
वे तो लौट कहीं चले जाते हैं

कितनी रातें, विरह – वेदना
की–––अग्नि में बीत गऐ हैं
कितनी बेदर्दी से ख्वाब
सारे मचल कर टूट गए हैं

जीवन की विसंगतियों में यह
ना जाने क्या रोग लगा है
कुछ तो अधूरी ख्वाहिशें यह
न जाने क्या संयोग बना है

एक दूजे का हाथ पकड़ कर
जीवन–नईया क्या पार करेंगे
चलो सुहाना स्वप्न फिर देखें
एक – दूजे से मनुहार करेंगे।

42 आस

मिला जो दर्द है तुमसे
तुमको बता नहीं पाती हूँ
खड़ी राह के दोनों किनारे
है आस, मिल नहीं पाती हूँ

जितनी दूर चलूँगी उतनी
तुमको भी मैं दौड़ाऊंगी
राह में जो कंकड़ बिखरे
तुमसे ही चुनवाती जाऊंगी

मुहँ मोड़ लो या छुपाओ
सामने एक दिन आना है
उड़ जाएँ जब पँख–पंखेरू
वापस फिर नहीं आना है

इकरार नहीं, इनकार सही
कुछ तो मिला हक का मेरे
कदमबोसी कि की थी तमन्ना
शायद नहीं करम थे मेरे

तुमने कहा था मैंने था सुना
कह सकते हो ऐसा भी हो
बदल गए अब सारे मंजर
कह सकते थे ऐसा ही हो।

43 मुस्कुराए कदम

कदम मेरे
कभी थक जो जाए
रुकती– सी
कहीं जिंदगी
यह देख मुस्कुराए
गम न करूँ मैं
यह सोच–सोच के
कि जिंदगी की गाड़ी
कहीं पलट ही न जाए

यह वक्त है मुसाफिर
जिंदगी के रेलमरेल में
कहीं बज गई जो सिटी
खुल जायँ न गाड़ी
दौड़ना नहीं है
रुकना भी नहीं है
बस एक इंतजार कर के
बढ़ते कदम चले है

समय जो छूट जाए
वापस नहीं है आता
पर––
कर्म जो करोगे
मेहनत को तौल लोगे
जिंदगी उसे है भाता

वह—--
फिर वापस उसे है पाता

जिंदगी की गाड़ी
खुशी से खींच लेगी
गम का हो जो दरिया
उसे भी पार कर लेगी
कदम के जड़ को
मजबूती दे देना
आँधियों से कह दो
रुख अपना मोड़ लेना
अब वक्त आ गया है
कर्म को साथी कह लो
जीवन की यह नईया
पतवार बिन चलेगी
आँधियों में भी रौशनी
चिराग की ही रहेगी।

44 जिस्म

जिंदगी के हर कदम पर
जिस्म के भूखे भेड़िए हैं
क्या कहूँ उनको मैं लोगों
देखो जो बहुत ही अड़िए हैं

ना उनको पहचान अपनों की
ना अपनों की जात समझते
बस एक जिस्म हो औरत का
इतनी सी हीं नादान समझते

भूल जाते वे उस जिस्म को
जिससे जनम होता है उनका
उनके लिए हर औरत है होती
बस एक है पहचान जिस्म का

छोटी हो या होती वह बड़ी
मतलब नहीं मतलबियों को
बस होना एक जिस्म चाहिए
हाँ–इन आवारा मवालियों को

चुपके–चुपके प्यार की लालच
हैं ये दे जाते कम अकलों को
और अपना मान जाते हैं उनके
चिकनी–चुपड़ी मीठी बातों को

ये मर्द हैं बेदर्द भावनाओं से दूर
जाती को बदनाम किए जाते हैं
और हम औरतें उनके होने का
बस, भरम ही तो पाल आते हैं

अब और न सहाओ हमें की हम
अब उतने मजबूर नहीं हैं
जितनी समझ तुम्हारी उतनी तो
हम भी देखो दूर नहीं हैं

प्यार चाहती, प्यार हैं करती
अब प्यार पर जीवन निसार है
एक मुट्ठी आसमाँ के बदले तो
पूरा जीवन अब गुलजार है

जिस्म की भूख हावी हो जाती
पेट की भूख छूट जाती तो है
बदल दो जीवन की परिभाषा
खुशियाँ जीवन तब आती तो है

45 चाहती हूँ

माँ मत मारो मुझे कोख में
मैं भी जीना चाहती हूँ
रँग बिरँगी दुनिया सँग
अपनों को देखना चाहती हूँ

खिलखिलाती तेरे आँचल में
मैं भी छुपना चाहती हूँ
चंदा मामा की लोरी तुझसे
मैं भी सुनना चाहती हूँ

तेरी तरह माँ भाई को अपने
मैं राखी बांधना चाहती हूँ
कन्यादान के पुण्य से वंचित
तुमको न करना चाहती हूँ

चमकती एक सितारा बनकर
ध्रुवतारा–सा चमकना चाहती हूँ
अंतरिक्ष से देश – ध्वजा पर
पुष्प बरसाना चाहती हूँ

हिमालय की चोटी पर अब
मैं भी चढ़ना चाहती हूँ
भईया के सँग माँ मैं भी तो
तुमको रौशन करना चाहती हूँ

46 साथ हो

सपनों को
अपने एक
ऊँची उड़ान दो
बिखर न जाएँ
अपने कहीं
एक
मीठी मुस्कान दो

छोटी– छोटी खुशियाँ
हैं बन जाती जब
बड़ी – बड़ी
और बड़ी
फिर अपनों के साथ हीं
अपनों का हाथ हो।

47 जन्म

जमीन——
फट जाती है
शोले उगल आते हैं
धरती
झुलसती है
फिर भी——
स्नेह का नाता
अपने भीतर
सहेज कर रखती है
अंकुरण की दिशा को
एक
गति भी दे आती है
एक नए जीवन को
एक नहीं
बार——बार
फिर से दुहराती है
नए – नए जीवन को
वह
जन्म दे आती है

48 उदास मन

यह शाम भी कुछ अजीब है
कभी मुखर कभी मौन आती है
कभी बढ़ा आती है सिलसिला
कभी चुप उदास हो जाती है
यह शाम भी.........

धुँआ – धुँआ शहर – शहर
घूमती – फिरती नगर – नगर
कुछ ले जाती कुछ लौटाती
बरसाती कुछ कहर – कहर
कुछ मौकों की तलाश में
द्वार– द्वार से भटक आती है
यह शाम भी.........

कुछ वक़्त ने है किया सितम
कुछ वादों ने भी किया करम
कुछ रँजोगम की तलाश में
करम कर जाती है अधम
कुछ वफा की बातें सुना जाती
कुछ वेवफाई की हमराह हैं
यह शाम भी.........

कुछ धुंधले से हैं चित्र ये
कुछ कहते व्यथा विचित्र ये
कहीं रहबरों की तलाश में

कहीं बन जाती हैं मित्र ये
सिलसिला बस यूँ चल पड़ा
ये कुछ अपना बना जाती हैं
यह शाम भी कुछ अजीब है

49 दिल

पत्थर पर प्यार
नहीं लिख पाते
क्योंकि———
छेनी के वार से
छलनी हो जाता दिल
बिखरने लगता टूटकर
टुकड़े हजारों में

पेड़ के सीने पर दिल
हरदम बना आते हो
समझते कभी भी क्या
दर्द उस हमदर्द का !
खुशी से जिसका
सीना चॉक आते हो!

दिल के ताने–बाने में
सबकुछ समाहित हो जाता है
और अंतस की खोई धारा
सिमट, वहीं तक आता है
संगमरमरी देह का दरवाजा
दिल से ही तो गुजरता है
क्यों करते हो इसको घायल
यह भी तो विलखता है

पत्थर पर वार करो तो

घायल हो जाता है दिल
पेड़ का सीना चॉक करो
तब भी रोता है यह दिल
उसको भी तो दर्द का
होता होगा दुःखद एहसास
बहुत ही नाज़ुक है यह दिल
इसको भी लेने दो साँस।

50 माँ हूँ

कौन कहता है कि
मैं बेकार हूँ
नहीं मैं लाचार हूँ
मेरा सर्वस्व है
मेरा आधार है
मेरे प्राणों का यह
सम्पूर्ण प्यार है
जी हाँ––
मेरा बेटा
मेरा सपना साकार है
मुझे गर्व है खुद पर
मैंने सृष्टि के विधान में
ऐसा एक लाल जड़ा है
ऐसे बेटे पर
किसे गर्व नहीं होगा
ऐसे रत्न के लिए
कई जनम भी कम होगा
आखिर मेरे गर्व का
ये कारण कम है क्या?
कल जिस पिता ने ऊँगली थामी
आज उन्हें वह बाँह थमाता
कल जिसने चलना सिखलाया
आज उन्हें चलना सिखलाता
मुझे गर्व उस पूत पर है
जिसने कोख मेरा जगमगाया

हाँ —

आज लड़खड़ाते पिता को
दे सहारा अपनी
है वह बाँहें फैलाता
कल पिता ने कर्म किया था
आज वह अपना फर्ज निभाता
कदम कदम चूमे खुशियाँ
दूध का कर्ज
वह है आज चुकाता
हाँ—
कल हम जिसको पाले थे
आज हमें वह पाल रहा
जिसको जग में हम लाए थे
वह जग हमारा
है तार रहा
है वह अपना फर्ज
निभा रहा।

51 बूंद–बूंद धारा

सावन बरस रहा अंतरमन में
हुक उठी है कोयलिया
चल पिया परदेसी सजनवा
दहक रहा मन साँवरिया

बून्द– बूंद रस–धारा बनी तब
रिमझिम अगन लगाती है
गरज–गरज बरसन लागे
फिर मन को बहुत डराती है

सावन को कहते, मन–भावन
चूड़ी की खनखन सताती है
रात बीत जाय करवट बदले
याद तुम्हारी जब आती है

सखियाँ झूल रही हैं झूलन
मैं मन–मारी रहूँ अकेली
तुझ बिन सावन आग लगाए
खुद में हीं बन गयी पहेली

अब मिलन की राह जो ताकूँ
नैनन–दर्पण अब दिखे ना
प्रीत में साजन छीज गयी हूँ
सेज–सुहाग अब सूझे ना

ए बदरा ! जा पी के देश
कहना अब घर आ जाओ
विरहन यह देती सन्देश
सावन की प्यास बुझा जाओ।

52 एक दिवस

एक दिवस ऐसा आएगा
कंकड़ पत्थर चुन जाएगा
पाँव का छाला बोलेगा फिर
अपना दर्द बता जाएगा

भरी दुपहरी साँझ की बातें
देखो तो कह गया है कौन
नीरवता सहम– सी गयी है
आगे अब आएगा कौन

छुप–छुप कर रोती है रातें
बहती है सावन की धार
प्रेम–पुनीत का दम्भ भरे
कहती क्या मोहिनी नार

ढलता जा रहा है रेत–सा
आलिंगन का गुलदस्ता
कहना–सुनना खत्म हुआ
देखो, आहिस्ता–आहिस्ता।

53 सावन

देखो कैसा सावन आया
उमड़–घुमड़ काले–उजले
ठंडी बयार बादल आया
तन झूमे, सँग बागों के झूले

नाच उठा घन सँग मयूर
पपीहा बोले पी–पी–पी
जब कड़के बैरी बिजुरिया
टर्र–टर्र मेढ़क ची ची ची

पौधे–मन हरियाली छाई
रिमझिम बरसे हैं सावन
ताल–तलइया मन हरसाई
आ जाओ अब मोरे सजन

धरा–क्षीर के ओट से अब
झाँक रहा है इंद्रधनुष
विरहन नार पियासी, कब
विहँसेगा उसका मन–बस

हरित चुनरिया सजी है तन
मूंदी अँखिया ताक रही हैं
कब आएँगे सजन बावरे
अधरों की कम्पन आँक रही है

मन ही मन इठला रे सजनिया
होगा जीवन में परिवर्तन
बाग–तलइया झूम–झूम अब
करती सँग धरती भी नर्तन।

54 ग्रहण

मेरा जीवन, क्या यह जीवन
कैसी यह बेचैनी है
साँझ समझ ना सुबह समझ
कैसी यह सरगोशी है
ग्रहण का पहरा है जीवन पर
ना कोई उन्माद है
ना कोई बासन्ती हवा है
ना कोई सम्वाद है
एक प्रहर की अंतिम बेला
यह कैसा संजोग है
इस जीवन की ग्रहण–कथा
ना अब कोई मेल है
जीवन है उन्मुक्त पवन –सा
ग्रहण न इसपे लगने देना
मिली जो साँसें जीवन की
खुश हो कर उसको जी लेना

www.ingramcontent.com/pod-product-compliance
Lightning Source LLC
Chambersburg PA
CBHW071219130726
47998CB00002B/782